모딜리아니, 〈삼나무와 집(예)〉

오랑캐꽃

가슴을 더듬는다
손끝에 찔린 심장이 쿨럭,
한소끔 쏟아지는 소리
이제는 용서하며 풀어놓는 세월
당신이 뱉아놓은 대롱에서
돋아나는 새순을 좀 봐
상처 보듬고 뼈까지
뼛자국까지 파르라니 물든

허공,

갑자기 엎쳐나간 마음 하나
저릿저릿 내던진 맨발

열꽃 공희

 시작시인선 0127
열꽃 공회

찍은날 | 2011년 3월 10일
펴낸날 | 2011년 3월 15일

지은이 | 김규린
펴낸이 | 김태석
펴낸곳 | (주)천년의시작
등록번호 | 제300-2006-9호
등록일자 | 2006년 1월 10일

주소 | (우110-034) 서울시 종로구 창성동 158-2 2층
전화 | 02-723-8668
팩스 | 02-723-8630
홈페이지 | www.poempoem.com
전자우편 | poemsijak@hanmail.net

ⓒ김규린, 2011. printed in Seoul, Korea

ISBN 978-89-6021-147-6 03810
  978-89-6021-069-1 (세트)

＊이 책 내용의 전부 또는 일부를 재사용하려면
  반드시 저작권자와 (주)천년의시작 양측의 동의를 받아야 합니다.

열꽃 공희

김규린 시집

2011

■ 시인의 말

나무에게
강에게
그리고 사람
에게…

■ 차 례

Ⅰ 꽃 피다

어머니 —— 15
굽이치다 —— 16
세월 밖으로 —— 18
꽃 피다 —— 19
잠 못 드는 밤 —— 20
불경 몇 잎처럼 —— 22
목련꽃 그늘 —— 24
오랑캐꽃 —— 25
꽃잎 두 장 —— 26
숨어오는 폭풍 —— 28
새벽안개 —— 30
낙타들 —— 31
고쳐 쓰는 일기 —— 32
반디벌레의 길 찾기 —— 34

II 열꽃 공희

부르지 않은 눈물 ——— 37
몸꽃 ——— 38
길, 덫 ——— 40
열꽃 공희 ——— 42
殺 ——— 44
물 위의 단상들 ——— 46
박제 앞에서 ——— 48
남몰래 흘리는 눈물 ——— 49
엉겅퀴 ——— 50
맨드라미 ——— 52
테라코타 붉은 몸 ——— 54
화류화석 ——— 56
몇 생애 동안 우리 ——— 58
숨긴 화분에 가시가 ——— 60
마침표를 찍다 ——— 62
한나절의 연가 ——— 63

III 없는 당신

빨간 우편함 —— 67

흐르다 —— 68

아직도 나는 —— 69

인생 위의 나비 —— 70

자서 —— 72

秋 —— 73

쓸쓸, 하였다 —— 74

유년을 추억함 —— 76

부서진 노 —— 78

급작스런 부음 —— 79

없는 당신 —— 80

능 곁에서 바라보다 —— 82

낡은 잡초 —— 84

마흔, 바라보다 —— 85

길 위에서 —— 86

억새를 배경으로 한 수첩 —— 88

장의사 지나 우체국 —— 90

IV 꿈꾸는 나비

겨울詞 ——— 93

이별 단장 ——— 94

상처 ——— 96

고요히 퍼지는 밤 ——— 97

동백 한 그루 ——— 98

늪 ——— 99

상사화 지다 ——— 100

겨울나무 ——— 102

이젠 사랑하지 않는다 ——— 103

눈밭에서 ——— 104

빈손 흐르는 강 ——— 106

물 위의 주소 ——— 107

연리지 ——— 108

꿈꾸는 대합실 ——— 109

한생 한꿈 ——— 110

빈 몸, 여자 ——— 112

■ 해 설

불편한 존재들의 엉킨 목숨 | 김춘식 ——— 114

I
꽃 피다

어머니

사다리를 만들려고
못질 합니다
작은 나무토막들을 얼기설기 못질하고
이어보지만
삭은 못 하나에도
나무가 쪼개집니다
그 위에 나무토막을 얹어
다시 못질하고
세워봅니다 기우뚱
한쪽이 자꾸 무너집니다
받침목을 대봅니다
무너진 모서리 긴 못을 기꺼이 몸에 박고
받침목이 사다리를 세워줍니다
바래고 옹이진 받침목은
꼭 어디에선가 낯익은
정강이뼈 같습니다

굽이치다

말 없는 뼈 꺼내 공중에 걸쳐놓고
돌아와 강물을 듣는다
몇 겹의 유리를 깨뜨리고 나온 발밑에서
세상이 식어가는 즈음
살아있다는 건 매번 되풀이되는 노역이다
안뜰에 어질러진 삶의 찌꺼기들을 쓸고 있는 달빛이
간혹 젖은 풍금 소리 낸다
한 번쯤 구르기도 해야겠지 구르지도 못하면서
강물 따라 흘러간 시절은
주체 못할 체기로 바다에 쌓이곤 했다
그것을 석양이라 불러야 하는지 머뭇거리며
옷 벗는 또 한 무리의 시절과 숨가쁘게 몸 섞었다
그래, 살아있단 게 별건가
강물 속에 시시각각 지는 애증들을 묵과한다는 것
나는 그것을
꽃잎이라 부르기로 했다
터지고 닫히는 피딱지 같은 마음들

그렇다면 허랑허랑 식은 꽃잎 하나 쥐고서라도

내가 당신
흔들 수 있는지
묻고 싶었다

세월 밖으로

완만하게 부풀어오른 곡선 안에서
산책하는 그녀
지상의 계율로 튼튼히 박음질한 붉은 육체는
넘칠 듯 넘치지 않는 풍경을 담고 있다
떠나간 이미지들이 들려주는 빗소리 너머
폐가의 족자처럼 흐려진
생각 한 벌 건져 올린다
너무 많은 갈래로 땋아내렸던 시간들
돌아나와 쓸어내리는 가슴 위에도
꽃냄새는 남아 있다
스스로 몸 뒤집는 열렬한 전복을 꿈꾸며
보이지 않는 삶의 부유물까지 끌어 올리는 폭풍 앞에
꽃잎들 지고
꽃잎들 마주 선다

꽃잎들—
세월 밖으로 뛰쳐나오는 힘

꽃 피다

여태 끌어덮고 있던 지붕이 갑자기
곰팡이냄새 내려 한다
우연히 들이닥친 바람 한 자락
나를 덮쳐 무언가 요구하고 있다
내줄 것이라곤 없는 비루한 몸 한 줄
빼곡히 들어찬 결핍은
뼈 속 깊이 퍼낸 체액을 장식물처럼 집어 올린다
바람이 문고리를 세차게 잡아 흔들 때부터
알고 있었다 누군가
남아 있는 생애의 지도를
앗아갈 것이란 사실을

수렴된 꽃 하나
단정하고 확신에 찬 뿌리를
내민다 꿈틀, 쏟아진다
햇빛—

잠 못 드는 밤

기나긴 밤
공기조차 이상했어
유난히 커다란 날개 접고 찬 공기 쪼아대는 잎사귀의 윤곽을
바라보며
창가에 나지막이 켜져 있었지
지난 계절 내내 퇴비처럼 잘 썩은 생각들을
몸속에서 꺼내 들여다보고
생각 속에 들어 있는 뼈와 새롭게 장만한 뼈를
맞춰보기도 했지
꼬들꼬들 햇밥 닮은 싸락눈은 지쳐 잠든
지구 입언저리로 간간이 날리고
스스로 돋운 불꽃에 달궈져
놓아주지 못한 기억이 우련 열릴 때
연기 같이 어른거리는 품속으로
불쑥
날벌레 한 점
파고들었지

아, 불가해라
때려잡을 수도 없는
한 사람 눈빛

불경 몇 잎처럼

나를 베지 않고 할 수 있는 일은
아무 것도 없다
긴 잠 자고 아침에 일어나면
세상은 호전적이지 않은 전사처럼 물렁해져 있으리
나무와 풀과 바람의 손짓대로
설핏설핏 방류해온 날들이
알알이 보이지 않는 열매를 맺는다
빈 가지 흐드러진다
사랑하는 당신, 날 비틀거리게 하지 마라
당신을 부를 때마다
허공이 한 움큼씩 깊어진다
비로소 바라보니
삶이란 스스로 느끼는 무게와 형태였다
어느 순박한 깊이에서 버둥대던 나에게
나는 손을 내민다
밑그림 없이 영감만으로 끌과 심장 쥐고
한 시절 다듬어온 덩어리로부터
어여쁜 연인이 섬세하게 분출된다
우리는 이제
잠시 손잡고 기대었다가

섬광 같이 스쳐 말없이 가자
아름다운 조각상 곁에 일렁이는
꿈처럼 꿈결에 날리는
불경 몇 잎처럼

목련꽃 그늘

깊은 능선 너머에 숨은 아른한 봄
범하고 싶었다
가슴으로만 내리는 눈발 속에서
머얼리 민둥가지 위로 옮겨붙는
돌배 같은 외로움
뚜벅거리며 느닷없이 한 사람 오는가
아직도 나는 두근거리는가
마지막 베틀에 걸었던 노래 뜨거웁게
빈 하늘에 흩어진다
아무도 모르는 아지랑이로 개어낸 목련꽃
미어터진 흰 잎이었다
어질어질 살냄새 흘리며
볕살을 배고 싶었던 첫마음 아프게 떠올리나니
한 번쯤 굽어볼 요량이라면 신이여
부디 다시는
피어나지 않게 하소서

오랑캐꽃

가슴을 더듬는다
손끝에 찔린 심장이 쿨럭,
한소끔 쏟아지는 소리
이제는 용서하며 풀어놓는 세월
당신이 박아놓은 대못에서
돋아나는 새순들 좀 봐
상처 보듬고 뼈까지
뼛자국까지 파르라니 물든

허공,

갑자기 뛰쳐나간 마음 하나
저릿저릿 내던진 맨발

꽃잎 두 장

무슨 음모에 싸인 듯 은밀히
뿌리를 품은 여자
저문 강으로 육신 내려놓는다
천천히 퍼져나가는 물 한 모금
물결 따라 늘어나는 동심원 속으로
양념가루처럼 소금쟁이 하나 뿌려진다
슬픔 한 조각… 생과 사를 뒤섞은
달콤한 미각이 우러난다
언젠가 네가 앉아 있던 언저리
그리움이 다한 후에야 안전한 사망이라고 적혀…
있었다…
묻느니 저문 강이여
그대는 안전한가
풀잎 위 살폿 얹힌 떨림이 되자던 빗소리
후박나무 두드리며 건너온다
가슴 저미는 외길은 모두 속살이었고
부직포 같이 뻣뻣한 강줄기를 두르고서도
우리는 안온하였다
금실 같은 햇살 가슴에 받아도
터뜨릴 꽃씨 하나 없이

봄은 떠났다
사지를 던지고 앉아 바라본다

누군가의 오랜 티눈을 뚫고
울컥, 피어난 꽃잎 두 장

숨어오는 폭풍

납작 드러누운 야사 속에
비인칭의 꽃들 피고 있다
야사가 지닌 자연치유력이
꽃들을 맑게 풀어놓는다
당신의 말줄임표 속에 서면 그것들
내 혈육이라고 외치고 싶어진다
맥박 통통 튕기는 쓸데없이 긴 손가락으로
천성 무른 감나무에 숨어 떫은 꽃 따먹는

슬픔은
참 원시적이란다
꽃들이 세상에 옮겨붙으면 큰일이지
잘못 그린 슬픔도 이제는 물러 터져
측은한 껍질만
책갈피에 끼워놓은 채

복잡한 표정으로 당신이 걸어오는
가을이다
허위적허위적 나를 따라온 야사 아래
명랑하던 꽃 하나

잠잠히 내려앉는다

새벽안개

이부자리 아래에서 질질
끌려나온 새벽이
당신의 고백처럼 모호하다
나른한 기억은 난롯가에 앉아
젖은 몸 말리며 꾸벅꾸벅 졸고
꿈틀거리는 파도는
뜻밖에 환해지는 시절들 등불처럼 들고
조용히 펼쳐진다
깊은 사람 하나 떠 있다
그가 일으키는 바람결이
수만 갈래 길 위에 나무 한 점 세운다
한 번도 본 적 없는 고통을 만나
정면으로 휘몰아치는 막막한

축축한 섬은
닻 드린 채
온순하게 정박하고 있다
바다가 어진 보자기 펴서
복잡한 풍경들 사뿐히 담아 넣는다
고요한 말줄임표처럼

낙타들

까실까실 발바닥을 찌르는
모래알들 하염없다
살아서 걷는 동안
다른 계절로부터 양육된 우수는
우리 곁에 낯선 알을 낳으리
산맥이 쥐고 있는 바다처럼
깊은 노정에서 우러나는 몇 마디 풍경과
그리움 한 줄
발바닥으로부터 스며올린 온몸에
불붙인 채 둥둥 떠돌아야 하리

우리는 저마다
걸어가야 할 서로 다른 水深을 갖고 있다

고쳐 쓰는 일기

잡아당기면
감자 뿌리처럼 줄줄이
뭉쳐진 생각들이 흘러나온다
코끝에 묻은 시선은 시든 햇살을 내포하고 있다
언제나 앞질러 걷는 오역들이 문득문득
스커트 찢는 소리

산다는 건 때로
오래된 직업 같다
너무 안전하고 너무 익숙한 길 위에서
갑자기 방향을 잃는다
느껴보지 못한 내 몸의 습기가
길을 흩어놓고 있다
습기에서 아직 식물이 자라고 있단 것을
잊고 있었다
찢어진 스커트의 추억처럼
먼 들녘에 방목했던 마음들을 불러와
말하고 싶다 이제 난
그칠 수 없다고
그칠 수 없는 습기가 나를 이끌 것이라고

무언가
진행되고 있다
내 안에서 낯선 길들이
흘러나오고 있다

반디벌레의 길 찾기

헤어지자—
포물선 그으며
돌아서는 발걸음이 흔들렸다
외발자전거 같은 길 위에서
내가 어질거리는 건
말끔히 버리지 못한 너의
머리카락냄새 때문일 뿐이라고
흐릿한 뒷덜미에 반딧불 뿌리는 마음
반딧불 따라 마음 향하는 건 어둠이다
무작정 맨발로 거닐었던 거리
이제야 나는 목이 마르다
나를 에워싼 목마른 나무에
소금기 돋은 몇 마디, 꽃숨 켜진다
솟아나는 줄기 속 외마디들이 어둠을 열어
마음 갈 길 밝게 비춘다
튀밥 같이 허공에 뿌려진
길, 반디벌레의
개화

II
열꽃 공희

부르지 않은 눈물

밤새도록
미친 처방전을 읽는다
내가 원하는 건
맨살로 나부끼는 것
어떤 일출은
구물럭 구물럭 배꼽 위로 기어오르고
햇살 아래 번지는 육체를 쓸어담으며 나는
없는 기체적 이미지를 그리워했다
이미지 위에
짓물러터진 생애 한 벌 걸쳐놓고 싶었다
촛농처럼 철철철 동틀 녘까지
녹아내리고 싶었다
뜨거운 뼛속으로
전신을 털어넣은 입맞춤
퍼붓고 싶었다

몸꽃

이 세상의 원(圓)인 내가
이 세상 모든 원인(原因)이다
명분 없는 꽃처럼 와자한 차양 하나
볕 아래 펼쳐 놓고
전신에 태양무늬 그리며 숨어들었던 날들
스스로 그려넣은 무늬가 무엇인지 모른 채
한적한 오수에 빠진 삶을 지나
세상은 어디서 날 기다리는가
요즈음은 무늬가 너무 불어나 차양 길게 휘어졌는데
나는 휘파람처럼 손쉽게
그늘 속을 뛰어다니고 나를 닮은
들꽃들은 저마다
쩍쩍 마른 시간 피워 물었네
그동안에도 이 세상 원인 나는
그럴싸한 삶의 무늬 하나 읽지 못하고
원주 밖으로 점점 더 멀리 밀려나가는 것을 슬퍼하고 있을 뿐
곧 지워져버릴 삶 향해
차양 걷고 발 내딛어본다
인식의 첫발은 나와 함께

들녘의 풀을 뜯는다
친친 감겨오는 넝쿨들이 의기충천해지리
꽃들이
풋사랑처럼 어룽어룽 튀어오르다가
뜨거운 꽃대에
투욱,
목 토해낸다

길, 덫

길은
주인 없는 세월을 조용히 낭송한다
철쭉들 가래침 벌쭉벌쭉 뱉어내는 늦은 봄
위태론 망루에서
산 귀퉁이 밀어가는 잎사귀 몇 장 바라볼 때
중천에 멈춘 마음은 시뻘건 숯처럼
지나온 몸속으로 점점이
박히곤 했다

마렵기만한 생
시원히 내지르지 못하고 쑤셔넣었던 마음이
옷섶 풀어헤치며 번지고 있다
오늘 난
얼룩이 눌어붙은 속옷을
나무들 사이로 날려 보낸다
누가 화살을 쏘아
저 한 시절 겁탈해 달라
꽃으로 지진 화흔을

꽃 없이 연명해온 세월 허기지면

허기를 이어 붙이듯
육즙 가득한 햇빛에 몸 기댄다
가만히…
햇빛 스민 몸이 무서워져서
풍금처럼
떨·었·다

열꽃 공희

여태 들꽃으로 살았어도
들녘의 귀퉁이 한 자락 움켜쥐지 못했으니
그래, 이건 너무한 거다
배로 기어온 길바닥 위에
달팽이 진액 흘리듯 끈적한 내장 쏟아낸 시절은
온전히 쓰라렸는가
번들거리는 살의처럼 타들어가는 야생잎들이
주위를 빙 둘러 피었다 서둘러 지고
나는 떨치지 못한 열독에 싸여
간혹 바람개비로 바다를 건지는 꿈을 꾸었다
스스로 짊어진 불더미를 고봉밥으로 떠서
꾸역꾸역 목구멍에 밀어넣을 때
생각했다 가끔 널
살해하고 싶었지만, 나
사랑이었을지 몰라 너 없인
불에 젖을 수가

가장 아름다운 꽃잎만 기르고 싶었던 공중 화단에
주르륵 뿌리들이 번져 흘렀다
파지처럼 구겨진 가슴을 찢고

쓰라리게 시 하나가—

殺

나는 충분히 기다렸고
바다는 오지 않았다
독소 머금은 흰꽃들만 살풋살풋
넘어오는 거친 담벼락에
스산한 하루 날아와 퍼덕이며
내려앉는다 어떤 날은
오래 머물다가 내 곁에 분화구를
남기기도 했다 그럴 때
나는 고분고분한 유혹을 데리고
몸종 같은 죽음을 거느려 보았다
몸속에서
비만해진 삶을 친친 에워싸는 거미줄 끊임없이 쏟아져 나온다
마침내 거미가 탐욕스럽게 다가와
귀와 눈알과 바람 한 쪽을
야금야금 파먹을 것이다, 지근
밟아버리자 거미—

교교하여라
터엉 빈 분화구에

첨벙, 뛰어내리는 달빛

물 위의 단상들

돌아나간 시간의
붉은 육즙 흐른다
나는 내가 아는 세상 것들 모두 불러와
그들의 불우와 나의 불우를
양말짝처럼 맞춰본다

깊은 사람은
불편하다
깊은 마음 따윈 개울에 담글 수 없기 때문이다
오래 전부터 개울에는
부적절한 숭어가 산다

다 쓰고
버려진 구름 몇 조각 나뒹군다
구름 위에 얹혔던 하늘이 푸른 잎사귀
한 장 남겨놓았다
잎사귀는 꽃을 만난 적 없다

노정에 지친
지평선과 수평선의 합류 지점

과거는 가벼워진 지느러미 흔들며 모여든다
슬픈 무희 같다 거기
정 주는 가슴 긴 밤 지킨다

길
길들이
나를 겨누고 있다
이미 수백 번 마친 목숨이다
더한 비수인들
끌어안지 못할 것
없다

박제 앞에서

생각하면 늙는다는 게
꽃보다 강렬해
낙화에 새겨진 필체는
사뭇 정감 있지
때론 세월도 관중을 선택한다는 걸
비로소 알 것 같아
뒤꿈치에 엉겨붙는 영혼을
애처로이 떼어내고
흉흉한 뼈대 하나 홀로 서 있구나
세상에 더 뿌려져야 했을 핏빛 번뜩이며
먼 데 바라보는 한 장의 전생아
네 그림자 흔드는 예리한 지평선이
구슬피 내 목
내려친다

남몰래 흘리는 눈물

낮은 사람 하나 서 있다
그는 한 벌뿐인 생각을 고수해왔다
꾀죄죄한 죄 가만 품은 뒤
발아한 꽃잎들을 방사하기도 한다
한 여인 무심히 빗금 그었고
그는 비닐봉지 속 국물처럼 쭈욱 찢어져
길 위로 쏟아졌다
<u>스스로를 찢고</u>
단 하나뿐인 죄마저도 찢어버렸다
갚아야 할 세월이 무엇인지 모른 채
방사된 꽃잎들은 마을에 이르러
의문부호처럼 폐기된다
꽃잎의 화인,
묵은 상처가 비로소 아름다울 때
믿음 따라 죽었던 반생이 고지식하게 기지개켜며
전능한 죄 들이민다
좁은 문 열고 꽃잎들
날아오른다

엉겅퀴

고양이 주검처럼 건조한 시간이
벽에 걸려 있다
비로드 두른 바람 속에서
대체로 무난한 분홍 장미가 피고
가시에 얹힌 계절들이 잠시 손을 찔리기도 했다
멀리 타오르는 외길의 속절없음과
귓속말로만 흘려보낸 연애의 추억
목마른 깃발을 우주의 중심에
광폭하게 내걸고 싶었던 생애 한 점도
새벽에 일어나 망망대해로 옮겨 앉는다
떠 있듯 멀어지는 생각은
세상의 원근법으로는 끝내 닿을 수 없어서
점점 뚜렷이 고립되어간다 그러나

고립된 것들 불러모아
나지막히 물소리를 들려준다
흐르며 풀잎으로 회귀하고
흐르며 구름으로 회귀하는 일
닿지 않는 산 하나가 비워놓은 한때의 적요를

나, 착하고 둥근 해를 사뿐 뽑아
너에게 못질한다
남아 있던 질긴 뿌리 속에서
눈물 끝에 깊어진 꽃이
터져나올 것이다

맨드라미

주머니에 찔러 넣은 시간들은
고요하다 물안개처럼
무언가 숨기고 있다
사소히 흔들었던 강줄기를 책갈피에 곱게 끼운들
물살마저 펴질 리 없다
피 한 방울 묻히지 않고 탈피하는 추억
껍질만 붙든 채
떠나려만 하는가 왜 떠나는가
적막에 기댄 그리움은 바스라진다

서로 끌리는 포말처럼
기어이 우린
벗어나지 못할 물살이란 걸 알면서도
허우적거린 것 아니었나

핏물 자욱한 물보라로
한 시절 덮는 일
기괴한 목 분질러 엎는

아아 맨드라미

온 입술 깨물더라

테라코타 붉은 몸

바라보면
황량한 비만을 넓적하게 처든 껍질들
그것은 울타리였고
나를 가둔 샤머니즘이었다
망치로 세게 내려치면 보잘것없이 부서지는
조각들 가루들 피에 섞인 시간들
완전히 잠깬 우주는
화살촉 같은 속눈썹 떼어 내 발바닥에 심어놓는다
산다는 건 몸을 방치한다는 것
삶을 적어오는 동안 한 번도 몸의 독백에
귀를 적신 적 없다
한 번쯤 나른하게 벽에 기대고
취할 수 있다면
정물액자처럼 시멘트벽에 뿌릴 넣어
싹트고 싶었다

근적근적 벽들을 헤집어 나가는
뿌리는 알고 있으리라
죽음 또한 사적인 거리에 불과하다는 것을
외부 향해 흔드는 제 영토의 깃발처럼

견고한 테라코타 속 지극히 사적인 형식 하나가
삶과 죽음을 바삐 갈아입으며
유난히 붉은, 이방인의 담론을 경청하고 있다

테라코타 벗어놓은 몸 타오른다
태아처럼 딱딱하게 웅크렸던 마음 하나
피 흘리는 발바닥 끌며끌며
나를 응시한다
말할 수 없이 늘어난 망치 휘둘러
나는 내 몸 깨뜨린다
이제 겨우 난
몸에 속하게 되었다

화류화석

지워버리자 태어나는 새들
들불 같았던 당신도 조용히 괄호로 묶어
행간에 띄워 보낸다
심장 멎는 막장에서
온몸으로 뜨물 퍼올리던 때
내가 의지했던 그 눈빛이 달큰한 올가민 줄 알았다면
그토록 기다릴 수 있었을까 꽃비—
벽채 타고 줄줄 새는 전운 속에서
나 그러나
잠시 물이어서 아름다웠으니
수선화 구근처럼 압축된 연인들은
한 몸의 뾰족한 기억으로 딱딱한
벽을 깨고 있다

나는 깊이 패인 전신 웅크려
생식 중인 미세동물처럼 꿈틀거리지만
한 시절 외부와 외부의 전부였던
당신에게 스친 흔적이라고
말하지 않는다

가슴으로 붉게 꺼내보는 지층
도도히 찍힌 속살의 화인

몇 생애 동안 우리

우리, 라는 말 속에는
깊은 바람이 들어 있어서
바람에 물린 마음 너절너절
뜯겨 내리는데
훔친 키스로 연명해온 날들
벼랑 끝 노을이 거느리던 남루마저 당신 가슴에 얹어놓으면
혈맥 따라 무진장 꽃흐르곤 하였다
무리지어 필 때 선명해지는 들꽃처럼
배후 없는 생애는
스스로를 바닥에 내려 틔울 줄 안다
바닥에 내려섰을 때 부서져 내리던 세상
소진된 바람 한 줄기가
나를 훑고 지나갔다, 당신이
나를 관통했다
서로의 상처를 가장 잘 들여다보았으므로 우리는
몇 생애 동안 흉터를 간직해왔던 거다
잘못 구워진 도자기처럼 불못에 들어
미세하게 갈라지는 서로의 결을
만져왔던 거다

몇 생애 터널을 돌아나온
두손 꼬옥 마주잡고
바람… 탄…다…

숨긴 화분에 가시가

항상 울부짖는 사냥개처럼
홍등 켜진 시절은 미쳐 날뛰지만
당신……
낡은 외투로 감쌀 수 있을 만큼만 사랑했다
어질어질 사랑하면서도
기울어지지 않으려 균형 잡는 새벽마다 말없이
출구를 잃었다
남몰래 가꾼 화분에 대고 속삭이던 노래
왼쪽 가슴에 대문짝만하게 덧난 악보를
들키지 않은 동안 아름다웠다
널널하게 터놓고 지내온 옆집 여자가
갑자기 창부의 전력을 고백해온들 무에 대수랴
다 괜찮다 괜찮아서 슬프다
나는 누구에게 털어놓을 것조차 없어서 슬프다
몸으로 섬긴 절망도 시간 흐르면
단벌 누더기처럼 편안해지더라
숨긴 화분에 퍼질러놓은 꽃잎 하나 없이
맹숭맹숭 건넌 시절이 강물을 불러 모은다
내가 꽃잎을 소유할 때까지
당분간 더 유유할 물줄기

이 편안한 물살 거슬러 어딘가
꽂히고 싶다

마침표를 찍다

나를 배제해온 어떤 꽃잎은
동굴처럼 어둡고 길었다
계절에 상관하지 않는 마음은
바람에 묶인 여자 아랫도리에서 흩어지고
자신도 모르는 사이, 희망이라면
하도 문질러 무늬마저 지워진 지문일망정
선뜻 들어 한 생애의 복판에 날인하겠다
당신 가슴팍 뜯어 내 방 가득 도배해놓을 수 있다면
더 이상 윤회는 없어도 무방하다고
짓찢어진 이마 추슬러 올리며
고백한다 이 한없는 분진 거두어
조용히 액자처럼 걸려있겠다
폭죽 같은 뭉게구름 절대
열어 보이지 않겠다
이후로 다른 생은 없다고
짐짓 눈감아
버리겠다

한나절의 연가

잠들지 않고 칭얼대는 새벽이
앓는 다리 건너오고 있다
더욱 선명해지는 목숨의 영상을 지키며
나무나 풀과 다를 것 없는
그대, 가련한 야생 잎사귀
꼭지 거꾸로 달린 감들이 가슴에 떨어진다
꼭지 밀어내는 물러터진 시절을 질겅 씹으며
암반에 박힌 여자여
조화 한 조각 베어 문 눈동자여
나는 너의 긴요한 양식이 되지 못해 불안하다
죽은 까마귀 꿰어 목걸이 만드는 시간들이
머뭇머뭇 쌓이는 휴화산 자락에서
부은 행려의 추억과 피로한
시 한 줄
미풍에도 확 옮겨붙을 것 같은 불씨가
언젠가 나를 멸하리라
그때에 너를 버리마
타는 꽃잎에 싸여 사뿐히 지워질
한나절의 연가

III
없는 당신

빨간 우편함

구름 흩어진 자리

돌아온 그네에
추억을 얹는 오후

낡은 외투 호주머니
꼬깃꼬깃 들어 있는 오랑캐꽃

손톱 끝 고집스레 남아 있는 봉숭아 육즙

철지난 유행가 가락을 깔고
낭창낭창 주저앉은 간이역

슬픈 트렁크

번지는

그대…

흐르다

이건 늪이야
무심코 접어든 길에서 맞닥뜨린 소나기
나를 에워싼 것들이 모두 녹아내려
조용히 발목을 끌어당긴다
우리, 들꽃 다발로 놓였던 자리
시든 꽃 이어붙이며 바라보면 아—
손잡고 걸었던 풍경들이 이렇게나 아름다웠구나
좀더 살뜰히 안아주지 못한 마음 가눌 수 없어 얼큰해질 때
곁눈질하며 읽고 가는 구름 한 덩이는
실연 끝 스물두 살 모가지를 사뿐히 허공에 매달았다는
좁고 긴 골목집 남자, 닮았다

젖은 물줄기처럼
녹아내린 협곡과 벌판을 지나 녹아내린
너에게 닿는다
없는 너를 붙들고 울었다
흘러내렸다

아직도 나는

텅텅 비어버린 가슴 찢는대도
소리쯤은 나겠지
삶이란
덜 채워진 풍경 벽걸이일 뿐이라고
돌아서는 발자국에 씌어 있다
지척을 분간할 수 없는 분진 속에서도
승승장구 산정에 꽂혀 있는 낯선 청춘의 의표를 찌르기 위해
한때는 삼나무보다 타오르고 싶었고
타오르며 첫 번째 언덕을 넘고 싶었다
너, 사라진 뒷모습 속에서
도망칠 수 없는 순간만 꺼내
깊숙이 주머니에 찔러넣는다
언젠가는
죽은 꽃병 속에 섬 하나 심어 놓고
끝내 들키지 않은 진실도
몇 점, 띄워
놓으리라

인생 위의 나비

거울 속에
한 사람 비친다
토사물 같이 게워진 날들
발처럼 늘어뜨리고
죽음과 상관없이 슬픈 나부를 스스로 느낄 때
불쑥 아편꽃처럼 치밀어 오르는 갈증, 수상한—
몸으로 시를 쓰는
가을이 온 거야
늘 배경이었던 몸에게 들불 놓으며
어데 순종적인 지상의 계율에 걸터앉아
수군거리는 고체들
거기, 섞여 있는 한 덩이 육신
눈짓 진하게 꼬드겨
원앙금침 없더래두 한나절 걸쭉하게 뒤엉킨 뒤
생경하게 피범벅된 몸 꾸욱 붙들고
절룩절룩 날아보는 거야
진탕 몸 쏟아붓지 않고는 날아오를 수 없다고
가랑잎 닮은 나비 하나
건듯 먼저 오르네

앞선 이들이
세상 건너며 슬며시 떼어낸
마음자리의 붉은
잎 한 쪽

자서

누가 멸망해버리기 전에
먼저 멸망해야 한다
떨어진 흰 단추를 셔츠 깃에 매달 때
생각하면
내가 분실해온 가을들은
어디서 뒹굴고 있는지
희게 퇴색한 옛빛의 단풍이
내게 잘 끼워지지 못한 채
저 혼자 외딴 길에 누워 있으리니
여태 한 번 단풍에 눈멀지 않은 내가
오늘 갑자기 타오르는 것은 어찌된 일인가

지금, 멸망하기 좋은 시절 다가와
낭떠러지를 가리킨다
이 위험한 육신은 애초에 내 것이 아니었다고
마지막으로 고개 젓는다
무모한 바람 분다
이 바람 벗어나야만
구름다리에 걸린 태아 적 단춧구멍을
통과할 수 있다

秋

가끔은
우연히 만난 노래가
가슴 갈기갈기 찢어놓는다
한 폭 산수화처럼 펼쳐진 흔적
오려낸 화폭 속에 묻어둔 사람 불현듯
정색하며 치밀어 오른다
그 처연한 눈빛 모질게 떼어내고
아무 일 없는 듯 청명한 날에는
여태 타오른 미친 불꽃이
쑥스러워지기도 한다

불꽃을 따라온
나비들이 근심한 눈을 가리고
흐느적흐느적 날아간다

사람아
쉬었다 가자

쓸쓸, 하였다

무심코 돌아나온 골목 어귀 정육점
비스듬히 찢긴 채 현수막이 걸려 있다
바람에 날리며 복각판 바늘 튀듯
부르르 떨곤 한다
팽팽한 진동
누군가의 경련이 누군가에게는 떨림으로 각인되는
도륙당한 육신으로부터 어긋난 계절이
덧나며 말라붙을 때
뼈 허옇게 드러낸 갈비짝은
빽빽한 기억을 덜어내고 허공에 속해 있다
쉬잇쉿— 찢어진 현수막 자락이
헌 피딱지처럼 성글게 가려준다
그토록 해체된 몸 앞에서 댕강,
동강나지 않은 내 사지는 과연 축복이었나
양수막처럼 부풀어 오르는 생각을 만져
바람살에 풀어 놓는다
이제는 팽팽한 적의마저 놓아버린 채
한 시절 지탱하던 근육과 살점들은
자신의 내력을 훌훌 내려놓는다
가벼운 한 덩어리

정적이 된다

유년을 추억함

1
기억도 중독되는 거야
아버지 원리에서 벗어났다는 해방감
우울을 가득 넣은 끈이 긴 가방처럼
어깨에 매여 있던 영상들
잠시 그것들 내려놓으면
어깨가 홀가분하고
또 무거워지곤 했다
사는 일이란
빌려 쓰는 비닐우산 한 장일 따름이라고
당신의 우산 속에 많은 것들을 들여보내고
밀려나 비 맞던 아버지
당신 것이었으되
한 번도 그것으로 비를 피하지 못했던
그가 어루만져 만질만질해진 빗줄기들은
구석기 유물처럼
형식만 남아 경이롭게 내 앞에
진열되곤 했다

2

섬 같은 우산
우산 같은 섬
섬이야 자신을 우산이라 여겨도 무방하지만
공연한 원리는 그래도
우산은 우산일 뿐이라고 말한다
고작 우산 하나에 지나지 않는 한 생애가
때로 섬처럼 사뿐 떠 흐르다가는
공연히 내 가슴팍에 날카롭게 박혀
명치를 쥐어뜯곤
하였다

부서진 노

아무런 패도 쥐지 않고 살았으니
패배는 내게 익숙했다
인정할 수 없는 상처들은 허구였고
머나먼 아버지는 추상이었다
해협을 가로지르는 태양이 간혹
작열하는 시간을 던져주고
그것들을 비끄러매 인형 속을 채우며
세상이란 건 정말 있을까 고민하곤 했다
고민이 물기로 가득 찬 길을 터주면
미역처럼 다가와 척 들러붙는 바다
나는 바다에 속았다

인형 속에 채워진 더러운 시간들을 하나씩
끄집어낼 때
바다에 들면 몸부림치지 말고
그저 조용히 멈추어야 한다,고
지나던 바람 넌지시
귀띔하고 간다

급작스런 부음

유유히 떠 있던 먹빛 구름
쏟아져내렸다
실타래 같은 빗줄기들이 곳곳에서 뭉쳐
가슴 속 하수구를 틀어막는다
수화기 속에서
또각.또각.또각. 새까만 하이힐 굽 나를 밟고 가는 소리
끝내 놓아주어야 할 끈일수록
매섭게 챙챙 감겨 있는 것 그러나
문득 들이닥친 미풍 한 가닥에
나를 들어 방류해버리기도 한다
누대에 걸친 파도가 서서히
천공 속으로 밀어간다
설핏, 갈비뼈를 드러낸 생각 몇 점
붉게 떠내려간다

밑을 내려다보지 마라
끝모를 심연으로 내리치는 구름
고막에 꽂힌다
不音—

없는 당신

먼 굴뚝의 저녁놀이
차츰 날개 접으며 내려앉는다
저승꽃처럼 희미하게
가슴에 번지는 별무리
나를 사랑한 건
한때의 나무와 깃든 녹음
마음껏 끌어안아 주지도 못한 채
육신 밖에서 으깨진 날들
부표처럼 흔들리던 시절
당신과 나 사이
마른 물로 마구 칠해놓은 강줄기
나는 흐르며
허술히 고인 추억을 넘는다
추억이 늪처럼 집요하단 걸 알았다면
나, 처음 그때
당신 스쳐 지났으리라
행려자처럼 머물던 시간 속에서
변하지 않는 건 추억을 보관한 육체의 쓸쓸함뿐

농후한 육등 켜들고

불구의 땅에 스며든 산맥의
기나긴 나부를 훑으며

흔적 쪽으로 흘러내린다

능 곁에서 바라보다

능 곁에 서면
석양의 빛깔을 세게 된다
능에 번진 봉긋한 석양이
명료하게 알몸 비춘다

제비꽃 빈 대궁만 울렁울렁 흔들며
이제야 몸 주는 심사 해명해 무엇하리
불꽃 한 번 스치지 않은 자궁에서
세상 것들 통째로 품어졌다 놓여나고
사용하지 않은 마음은 하릴없이
먼발치서부터 차례로 철거된다
능에 닻을 꽂으면
사는 게 좀 만만해질까
사람아 우리는
서로의 흠집이다
온 지상의 자성을 어떤 설렘으로 집약한 듯
때로 비대해진 흠집을 지퍼처럼 열고
옛이야기 따라 산발한 애인들이
홀연 흐드러졌다가 감쪽같이
지곤 한다

어둠이
사냥개처럼 천천히 이끌려나와
사방에 무거운 목줄 늘어뜨린다

無— 참 이쁜 말,
탐스런 열매들도 무르익어
씨앗으로 회귀한다는 뜻

낡은 잡초

시간이 흐르면
모든 게 아물기 마련이지
아물지 않는다면 그건
상처가 아니라 눈물인 것
정말이지 넌 약하구나
지고 있는 꽃들이 너무 무거워 보여
다스려지지 않는 육욕 같은
어찌된 밀물들 들고 나길래
한 시절 밟아온 발등에 진액 고였을까
마음의 단위, 너의 단위, 너를
스쳐간 바람의 단위
너는 왜 소리치지 않는가
아찔한 사랑을 꿈꿨는데 그가
끈.을.놓.아.버.렸.다.고.
한 번쯤 호되게 걷어차 주었어야 했다
바람이 쥔 채널을 말없이 누를 때
한 사람 지우지 않고는
차마 뿌리내릴 수 없다고
날숨만 파르스름 내뱉는 풀잎
가만히 켜진다

마흔, 바라보다

등 뒤에서 표정을 바꾸는 인물화처럼
무리 속에 들어 있는 세상은
낯설었다
핀에 꽂힌 채 파닥거리며
거품 문 시절 있었다
낯설고 더딘 물살이 갑자기
중년을 이끌고 온 어느 날
나는 우주의 썰물과 밀물에 몸을 누인다
비로소 모든 게 완벽해진다
내 몸은 노파의 속고쟁이처럼 느슨하여
아침 해가 비스듬히 투과하기 적당해졌다
잡을 수 없는 표정 지으려
허투루 몸을 부리지도 않는 법을 배웠다
얼음 같이 녹아내린 여자가 안에서
끊임없이 흘러나온다
한 시절 모래톱에 파묻혔던 무릎 뽑으며
바라본다 작두 같은
햇살,
밟아주고 싶다

길 위에서

네가 가을이라면
가을을 무찌르는 나목이고 싶다

모든 걸 다 벗고 싶다
가을아 고즈넉이 선 상념아

슬픔이 어쩌다 꽃이 된 뒤에
꽃이 천만 번의 윤회 끝에 슬픔을
다시 만나

말하라 삶은—
우는 사람을 닮은 나무 같더라고
내게서 떨어져나간 죄악들이 어느 날
돌아왔을 때
팔 벌려 크게 감사할 줄 아는 마음

너를 향해 치켜올릴
꽃 하나 없이
조금씩 울먹인다

무찌를 것 다 놓아버린 줄기만 혈혈단신
나부끼며 턱을 괴는
길 위에서

억새를 배경으로 한 수첩

1
아침이면
삶 속에서 삐쳐나온 실밥들이
유난히 커보인다
안개보다 먼저 일어나
하루치의 절망을 가늠하는 긴 손가락 끝에
계절이 고인다 참아온 가슴 끝에
물빛 든다
나는
물빛에 검은 꽃을 채운다

2
나만 빠진
모종의 윤색된 잔치 속에
우표처럼 너덜너덜 떨어지지 않는
운명아
날 규정지으려 하지 마라
급류에 찢겨
흐르는 어린 낙엽처럼
헝클어진 채

물살 벗어나 있으리

3
꽃이되 꽃이 아니며
꽃 아니되 꽃인 것
무수히 가시에 찔린 추억 속에
억새가 부른 계절이 머물곤 한다
나, 억새에게서
벼랑에 서는 법을 배웠다
이 작은 방책을 얻기까지 고스란히 바친
반생애였다

장의사 지나 우체국

건널 수 없는 몹쓸 꽃은
황황히 발자국 남긴다
문득 튕겨져 나온 빗방울, 그게
인생이야 별것도 아닌

밤이 깊이 피어서
와불처럼 드러눕는다
이럴 때 燈이라도 한 땀
어수선한 모포 위에 수놓을 수 있다면
길들은 모조리
마디마디 매듭이 얽혀 있어
바늘에 끼워넣을 수 없다

오스스 떨며 걸어온 이들이
꿰매지 않은 모포 두른 채
알 수 없는 발자국 너머로 사라진다
헝클어진 파아란 꽃자리에
웃자란 안개 마디마디 구멍을 열고
자욱한, 무언가
태어난다

IV
꿈꾸는 나비

겨울詞

나 천지간에 드리워진 슬픔
그대 천지간에 드리워진 슬픔
천지간에 그대 만질 수 없는 슬픔
천지간에 우리 만나버린 슬픔

천지간에 쌓이는 것 모두
내 곁에 눕고
천지간에 흩어지는 것 모두
내 곁에 빈 줄기 꽂는다

천지를 걸치고
천천히 내 안에 걸어오는 그대

이별 단장

아물지 마라
아물지 않은 채 우리 그냥 이대로
세상을 건너자
의도하진 않았지만
절로 겨눠진 서로의 칼날이
자주 심장을 후벼내곤 했다
어차피 묽은,
육수처럼 싱거운 세상 아니더냐
소금 치듯 그렇게
진물뿌리며 살면 그만인 것을
상처가 크면 세상에 뿌릴
진물도 넉넉해진다
흙을 지닌 마음 있으니
나, 씨앗처럼 일어나
조용히 화분 속으로 스민다
단 한 번
봄볕 없는 삶이 어딨더냐
너무 늦게 드리워진 봄볕이 따가울지라도
남겨진 습기에 뿌리를 묻고
지난 상처를 달랜다

아물지 마라 부디
아물지 않은 채 그냥 이대로
세상을 건너자
건너가서 다시는
겨누지 말자
한 세상 치유하기에는
상처가
너무 깊다

상처

칼 쥐지 않은 영혼이 어디
있으랴
쓰러지는 물소리 들으며
가닥가닥 잘린 나의 뿌리가 실개천처럼 일제히
너에게 빨려들어갈 때
비틀어 턱 괸 추억은
짐짓 알아차리지 못한 듯
컹,컹, 하늘 향해 두어 번 짖고
나는—

뿌리가 다 빠져나간 뒤에도 생을 끄지 못한 채
너의 바닥을 기며 기며
정충처럼 절망하였네

절망도 몸의 일부라면
벗지 말고 간직해야 할 일
절망이 뿌리의 잘려나간 의중을
내포하고 있다면
품을 것 다 털어버린 뿌리의 허허로움까지
내포하고 있다면

고요히 퍼지는 밤

매음녀 치맛자락 더듬는
고양이 울음소리 비릿하게 퍼진다
무거운 노구 끌고와
느릿느릿 정박하는 안개
믿을 수 없는 지느러미들은
야행성의 슬픔을 말없이 풀어놓는다
당도해 있는 순간부터
바다는 한 번 더 멀어지고
지금껏 헤쳐온 물살이 갑자기 낯설어지는 때
내게 기둥 박고 서성이는 섬처럼
멀어지지 못하는 사소한 그림자들
아직도 명치끝에 남아 있는 당신, 가지런한 손끝이
찬 머리빗 꽂는다
이제 나는 시들어
나뭇잎처럼 새초롬히 빗어내릴 수도 없으니

마지막 불
붙인 채 다가오는 파도를
이불처럼 조용히 끌어덮을
뿐—

동백 한 그루

그 사람을 생각하면
어깻죽지가 아파
몸에서 불냄새 나는 것 같아
서천으로 흐르는 냄새 털어내며
꽃 목 비트는 사람
뚝뚝뚝 붉은 눈물이 눈밭에 나뒹굴고 있다
하늘을 휘저어 결별하던 손마디들이
슬프게 눈 위에 쌓인다
보내고 남은 마음은
터질 것 같은 지뢰를 언 땅에 묻는다
무슨 검은 장갑처럼 결별의 한 장면이
전생애의 풍경을 조금씩 삼키며
지워버린다

다 지워지고 나면 늦게
너무 뒤늦게
노을을 이마에 이고
그가 오리라

늪

꺼려온 무언가 보이기 시작한 것은
불길한 징후다
잘려진 뿌리 위에서
허우적대며 매몰되어 가는
나, 최악의 증거물
흥분하며 쏟아지는 암흑 속에서도 평화를 믿는
개체들은 언제나 맨 처음부터 시작된다
시작도 없었으므로 나는 질척거리며
이유 없이 내팽개쳐지곤 했다
이토록 날 끌어들인
음모는 언제 끝나려는가

꽃병 같은 삶이
잠기려 한다
몸 버리고서라도 분노할 수 있다면
잠긴 채
꽃잎 쳐들겠다는 심산이다

상사화 지다

향할 곳 없이 꽃 진다면
살살 쓸어모아
생쌀 씹는 계절 틈새마다
부엽토로 뿌리겠다
젖가슴 근처 당신이 내지른 뿌리로부터
화들짝 솟아오른 나비
몸속 길 끄집어내 날리고 있다
애저녁에 진부해져버린 눈물
다시는 만나지 못할지라도
당신, 내 생애에 가로놓인 것은
정해진 징검다리였다
온몸 열꽃 돋우며
머리 없는 흉상 밟듯 울면서 당신을 건널 때
꽃 곁 들고나는 마음 일시에
한 속으로 쏠려 나가는 욕조의 물처럼 바닥이 드러나곤 했다
어느 문 열어 구곡산중에서 뛰어내려야 할지
가슴에서 꺼내야 하는 게 무엇인지
대답 대신 소소히 머리 만지는
당신을 꾸욱꾹 눌러 밟은 뒤

이제 우리는 찢어넘긴 달력이어야만 한다고
간신히 힘주어 말 할 때

외면하는 눈 속에
꽃색 어리어
재앙처럼 아른
하였다

겨울나무

참지 말자
가슴에 숨긴 꽃잎 한 장
안개에 섞어 쓴 모호함일지라도
몸 밖으로 걸어 나간 마음이 이렇게 환한 덫인 줄
알지 못했다
마흔에는
마음껏 꽃을 소유할 수 있을까
적요함이 포도송이처럼 무거워진 날엔
신 추억들 송글송글 열리기도 할텐데
추억도 순조로웠다고 고쳐 적는다
다시 오지 않을 것들이 어찌 그리 무표정한지
호주머니에 함께 손 넣고 걸었던 시절은
버려진 연장처럼 시들고
시들어서 목발 같은 나뭇가지에
천천히 걸린다

스스로 덫 채우며
빈 몸 살포시 가라앉는 밤 슬픈
적설량

이젠 사랑하지 않는다

가파르게 뻗친 계곡과 능선이
흩뿌려놓은 절망 같다
안전장치 풀어내고
기일게 뛰어내리는 그림자
내가 만진 날들이 허구는 아니었을까
문득 회한에 흥건해질 때
욕정에 팅팅 부풀어오른 석양은 뒤꿈치 들고 돌아나와
아른히 산허리를 끌어안는다, 휘영청
드리워진 길
헛헛한 자국마다
꺼지지 않는 불은 없다는 걸 이미
알고 있었다는 꽃냄새
훅,
앞을 가로막는다

눈밭에서

눈 위에도 길이 있단 것을
이제 알겠다
얼룩덜룩한 무늬, 징후로만 이어지는
하늘 아래 첫길
자꾸 움츠러드는 발을 내딛어본다
길을 위해 길을 짓이기며
오래된 봉투처럼 표정 없던 생애의 남루가
눈길 위에서 해맑게 씻겨진다
슬픔보다 더 큰 나무들을 데리고 엎드린
지상의 겨울바다
멈춘 채 표류하는 익명의 발자국들
내가 흔들리는 것은
흔적으로만 밀려드는 파도의 내력 때문이다
시야를 맞댄 안과 밖, 눈길의 정면과 배면에는
알 수 없는 파도들이 계보처럼 흐른다
흘러든 파도 속에 울렁울렁 뒤척이다가
마침내 낙엽 같이 그친 어느 날
내 육신 불러 목마르게 허공에 널어줄
눈빛의 어진 징후
난 그만 설림처럼 융성해져서

길 위로 펼쳐진다
철없이 번지는 발자국들
눈길이 잡아챈 발목에
희끗희끗한 뿌리
묻어 있다

빈손 흐르는 강

한적한 낚시터에 누덜누덜
뜯기다 버려진 찌꺼기가 삶이다
강물은 보시처럼 넉넉히 흐르지만
차마 빈손 펴지 못하는 목숨들도 있다
살 떨리게 죽음을 품어본 이는
죽음을 더 이상 내포 않듯
강물은 이제
빈손 어질게 굽어보지 않는다

울지 마라 울지 마
너무 젖어서
죽은 새를 안을 수도 없다

물 위의 주소

국숫발 같은 길들이
몸속으로 빨려들어 온다
완성되지 않은 뼈다귀 한 줄 매어놓으려
몸부림쳤던 허랑한 부표의 집
언제나 낯설었던 주소는 내 것이었나
흩어진 필기체마냥 분절된 바닷새들이
이상한 속도로 머리 위를 맴돌곤 했다
이따금 오물이 쏟아지면
몸살하며 받아마시던 내 안의 섬 하나
붙들어 맸던 상처가 포구처럼 깊어서
그만 놓아주고 싶다
물 위의 현판 걷어버리고
흐느끼듯 흐느끼듯 마음 가두겠다

자욱한 당신,
일으켜 놓은 먼지가
해심을 덮는다

연리지

어찌해야 흉터 없이
놓아줄 수 있을까
그리운 강변의 물풀들은
찔레 냄새 나는 물고기 주검을 품고 있다
물결 기다리는 탄식소리와 함께
햇빛 한 장 날아든다
탐탐이 풀어헤친 앞가슴 풍덩 내던지며
아무 것도 아니고 싶다
모르는 공간에서 허접한 추임새로 떠돌다가
여전히 멈춰지지 않는 생명이 잡아끌면 모올래
숨 쉬는 조각이 되어 인적을 지우리
무얼 지워야 하는지 모른 채
길바닥에 흘린 시절
걸어온 발자국들이 하나같이 허상이었다는 것을
비로소 알았다
무슨 소용 있으랴
나무와 풀과 바람은 말없이 서로 엉켜
목숨이 된다 떼어낼 수 없는

깊은 입맞춤이다

꿈꾸는 대합실

건드리지 않아도 미세한
새벽공기 풍금 울립니다

열차들이 떨궈놓은 비늘에 싸여 고요히 몸 푸는 대합실
떠나는 이와 보내는 이들이
창백한 치어를 나눠 물고 있습니다
주걱처럼 시야를 끈적하게 휘젓는 빗줄기는
모두 마디가 꺾여 있습니다
마디마디 당신이 묻어 있습니다
당신이 심은 물결 따라
언제쯤 꼬옥 연어가 깃들었으면 좋겠습니다
가슴에서 뽑혀나간 열차는
어느 해심을 더듬어 자라고
기적소리 부풀어 오르는 상사화를 쥐고서
쇠잔해진 대합실은 잠이 듭니다

건네야만 할 꽃이 시들었습니다
시든 꽃을 품어 달래며
막아놓았던 둑이
따뜻이 터져 내립니다

한생 한꿈

가슴의 흉터 한 번
만져보지 않은 채
너무 불지르며 온 것 같아
나를 에워싼 바람 속에서 늘 절벽 냄새
날지 못하는 구름과
목젖까지 고이던 늪
폐부에서 흘러나온 분진이 나를 앞질러
강으로 흩어지기도 했다
끈적한 사지를 품은 식충식물들이
늑골 근처에 쌓인다
나의 촉수는 그들이 전송한 어떤 삶과 교신한다
버려진 시간을 뒤지는 들쥐처럼
암흑 속에서 뜯겨나간 손가락이
흩어진 시공을 포개고 있다, 느닷없이
전류 가득한 물결 나를 치고 간다
절벽 끝에서 흐느적댄다

가고 싶다
착한 새들이 숨지는 곳
그곳에 이르면

앙상한 날개뼈 거두고
쉬고 싶다

빈 몸, 여자

어떤 날들은
혼자 엉켜 태중에서 발길질하곤 했지

언 날개 차례차례 끄집어 날리며
쐐기풀처럼 뜨겁게 내린 이승의 봄날
수런수런 나무와 풀들의 대화 속에
점 하나로 가볍게 찍힌
나를 엿듣는다
온 바다의 잔기침 클렁클렁 끌어안고
잠시 꽃밭이었던 흙 한 줌 날린다
뿔뿔이 흩어지면서도
찢어진 치맛자락 넓디넓게 펼치는 에미들
그 골 깊은 주름이
부유하는 것들을 지상에 동여매는 걸 보았다, 뿌리—
아무 것도 바라지 않는 허기
안 보이는 자리를 고루 핥는 불티처럼

생가지 위에 얹힌 불티는
바람보다 먼저 제 흔적을
지워낸다

그래도
삶이라면

던지며 놀겠다!

[해설]

불편한 존재들의 엉킨 목숨

김춘식(문학평론가 · 동국대 교수)

　김규린 시인의 『열꽃 공희』는 상처와 열망으로 얼룩진 삶을 풀어 나가는 제의의 양식을 빌어 시인이 마음 속에 품어온 '시'의 모습을 보여주는 시집이다. 사람들이 체험하는 모든 감각이 결국 저마다 다른 감수성과 정서로 변형되듯이, 어쩌면 시란 제각기 다른 모습으로 존재하는 '시들'로서만 자신을 드러낼 수 있을 뿐이다. 시인의 개성이란, 사물과 시인의 기억이 뒤섞이며 만들어낸 하나의 풍경이나 환각으로 그 모습을 드러내는 것이 아닐까. 이 점에서 김규린 시인의 시는 다른 시인들과 차별화되는 분명한 '육성'을 지니고 있으며, 그 육성은 몸 속 깊이 여과되어 있던 시인의 숨겨진 여성성의 노출을 중요한 특성으로 지니고 있다. 시인 스스로 '식물성'인 꽃의 육신을 빌어 세계를 체화하는 과정은 첫 시집 『나는 식물성이다』와도 연속성을 지니고 있다는 점에서, 김규린 시인의 시 쓰기는 이미 독창적인 창작의 여정에 접어들어 있다고 여겨진다.

'꽃피다', '열꽃 공희', '없는 당신', '꿈꾸는 나비' 등 총 4부로 구성된 이번 시집의 배치도 중요한 의미를 지닌다. "그래, 살아있단 게 별건가/강물 속에 시시각각 지는 애증들을 묵과한다는 것/나는 그것을/꽃잎이라 부르기로 했다/터지고 닫히는 피딱지 같은 마음들"(「굽이치다」)이라는 구절에서 보듯이, '꽃이 핀다'는 것은 '시시각각', '터지고 닫히는 피딱지 같은 마음'과 같은 것이다. 시인의 마음에서 삶에 대한 '애증'이 피고 지듯이 시인은 매 순간 '터지고 닫히며' 세계와 마음을 주고받는다. 그러므로 시인이 몸으로 피우는 꽃은 삶에 대한 강한 '애증'이 시작되는 지점과 그대로 일치한다.

꽃이 피고, 열꽃으로 시적 제의(祭儀)를 벌이고, 부재 속에서 새롭게 꿈꾸기를 다시 시작하는 일련의 과정은 김규린 시인의 시적 세계가 시작되고 종결되는 모습을 담아낸다. 결국, 꽃을 피우는 행위 속에서 도달한 어떤 지점이 '허무'이거나 '당신의 부재'를 알릴뿐이더라도 시 쓰기는 계속된다. 꽃 피는 행위가 열병 같은 것이고 그 흔적이 상처로 남아 있더라도, 결국 **"나무와 풀과 바람은 말없이 서로 엉켜/목숨이 된다 떼어낼 수 없는"**(「연리지」).

상처와 열병을 지나온 목숨은 서로를 상처를 껴안는 '나무, 풀, 바람'의 입맞춤을 통해 완성되며 이 순간 꽃잎은 나비처럼 새로운 꿈을 잉태한다. 서로에게 모든 것을 허락하여 빈 몸이 됨으로써 비로소 "제 혼적을/지워"(「빈 몸, 여자」)내고 한 바탕 '놀이'로 생을 마감하는 과정은 '꿈속의 꿈' 같을지언정, 이미 한 생(生)을 완성하고 있는 것이다. 이 점에서 4부의 표제 '꿈꾸는 나비'는 장자의 '호접몽'을 연상시킨다. 꿈꾸며 피어나고, 꿈꾸며 나비가 되는 시인은 꽃인가, 나비인가.

　꽃이 되어 앓아온 상처와 기억 속의 열병은 다시 또 다른 꿈으로 완성되는 법, 결국 **꿈으로서 꿈을 지우는 과정**, 시인에게는 그것이 시 쓰기인 셈이다.

　　나를 베지 않고 할 수 있는 일은
　　아무 것도 없다
　　긴 잠 자고 아침에 일어나면
　　세상은 호전적이지 않은 전사처럼 물렁해져 있으리
　　나무와 풀과 바람의 손짓대로
　　설핏설핏 방류해온 날들이
　　알알이 보이지 않는 열매를 맺는다
　　빈 가지 흐드러진다
　　사랑하는 당신, 날 비틀거리게 하지 마라
　　당신을 부를 때마다
　　허공이 한 움큼씩 깊어진다
　　비로소 바라보니
　　삶이란 스스로 느끼는 무게와 형태였다
　　어느 순박한 깊이에서 버둥대던 나에게
　　나는 손을 내민다

밑그림 없이 영감만으로 끌과 심장 쥐고
한 시절 다듬어온 덩어리로부터
어여쁜 연인이 섬세하게 분출된다
우리는 이제
잠시 손잡고 기대었다가
섬광 같이 스쳐 말없이 가자
아름다운 조각상 곁에 일렁이는
꿈처럼 꿈결에 날리는
불경 몇 잎처럼

─「불경 몇 잎처럼」 전문

  인생이 결국 허공을 깊이 느낄 수밖에 없는 일련의 과정이며 꿈결처럼 스쳐 사라지는 기억 같은 것이라는 전언을 말하면서 시인은 '불경(佛經)'의 형이상학을 꿈결에 날리는 '감각', 즉 몸에 각인된 기억으로 호명한다. 허공, 허무는 "스스로 느끼는 무게와 형태"의 모호한 감각과 일치되는 지점에서 '불경'과 만난다. 김규린 시인의 시적 감각은 이처럼, 추상적 생각과 섬세하면서도 물렁한 감각의 비(非)고정성을 '몇 잎'이라는 표현으로 함축하는 장면에서 잘 나타난다.

  스스로 꽃이 되어 버린 시인이 매순간 피우는 것이 쉽게 규정할 수 없고 흔적 뿐으로만 남겨지는 정서, 감각, 꿈이듯이, 삶이란 실체가 없이 깊어지는 '허공' 같은 것이다. 그러므로 시인이 기억할 수 있는 한 생이란 '밑그림 없이 영감만으로' 다듬어온 감각, 꿈이며, 찰라 속에서만

"섬광처럼 스쳐"가는 느낌으로만 현현된다. 이런 모호한 '몽환' 속에 날리는 '허공의 사상', '불경'은 이 점에서 찰나 속으로 흩어지는 '꽃잎'과 같은 것이다. 감각과 허공이 만나는 지점에 스스로의 몸을 '꽃'으로 변신시킨 시인이 서 있는 것이다.

1부에서 '꽃피는' 행위는 처음부터 삶의 허공과 맞닥뜨려 스스로를 '터뜨리고 닫는' 허무와의 정면대결을 전제로 한 것이다. 이 점은 이 시집의 마지막 작품인 「빈 몸, 여자」와도 그대로 호응한다. 시인이 '빈 몸'을 여자로서의 '신체적 정체성'으로 확대한 것은 '꽃피는' 행위 자체가 여성적인 신체와 감각, 정서에 기반을 두고 있는 것임을 암시한다. '열고 닫는 것', 상처를 품고 삼키는 상징성을 암시하는 '꽃피는 행위'는 세계와의 격렬한 연애, 혹은 교접과 입맞춤을 전제로 하는 것이다. 결국 스스로 빈 몸이 되었을 때, 꽃피는 행위는 완성된다. 여자가 빈 몸을 품고 있는 존재이듯이, 꽃은 자신의 속을 비움으로써 비로소 피어나고 품고, 꿈을 꾼다.

'없는 당신'이라는 '부재'를 '빈 몸'으로 품어, 자신의 일부로 삼는 행위는 세계의 허공과 삶의 허무까지 끌어안으려는 시인의 역설적 전략이다. 자신의 흔적을 지우고 고스란히 삶 자체로 환원하는 꿈꾸기란 얼마나 어려운 것인가. 시인이 스스로 꽃이 되어 감각을 전유한 이유는 허공을 품을 수 있는 유일한 방법이 바로 '빈 몸 되기'라는 역설적인 과정뿐이기 때문이다.

언 날개 차례차례 끄집어 날리며

쐐기풀처럼 뜨겁게 내린 이승의 봄날

수런수런 나무와 풀들의 대화 속에

점 하나로 가볍게 찍힌

나를 엿듣는다

온 바다의 잔기침 클렁클렁 끌어안고

잠시 꽃밭이었던 흙 한 줌 날린다

뿔뿔이 흩어지면서도

찢어진 치맛자락 넓디넓게 펼치는 에미들

그 골 깊은 주름이

부유하는 것들을 지상에 동여매는 걸 보았다, 뿌리―

아무 것도 바라지 않는 허기

안 보이는 자리를 고루 핥는 불티처럼

생가지 위에 얹힌 불티는

바람보다 먼저 제 흔적을

지워낸다

그래도

삶이라면

던지며 놀겠다!

— 「빈 몸, 여자」 부분

  이 시에서 '빈 몸'이 되어 '삶'의 본질에 육박하는 시인의 모습은 '점 하나'로 찍히는 미미한 존재이지만 스스로를 '던지며' 노는 가벼움으로 완성된다. 꽃을 피우거나, 꿈을 던지는 행위는 결국 적극적으로 '삶'을 살아가기 위한 시인의 실존적 기투에 해당된다. 허공이나 당신의 부재라는 상처는 처음부터 '비움'과 동질의 체험이다. '부재'와 '허무'의 흔적은 '빈 몸'을 통해서만 그 실체를 역설적으로 드러낸다.

김규린 시인의 시에 보이는 바람에 날리는 '꽃잎'이나, "허랑허랑 식은 꽃잎", "튀밥 같이 허공에 뿌려진"과 같은 표현은 '가벼워짐'으로써 세상에 맞서려는 시인의 열망을 잘 보여주는 구절이다. 삶의 곡진한 상처는 무거움이 아니라 '비우고 가벼워지는 것들'에 의해서 극복된다는 암시를 담은 이런 표현들은 시인의 꿈꾸기가 곧, 가벼워지기, 빈 몸 되기로 수렴된다는 것을 잘 나타낸다. 바람보다 먼저, 허공보다 먼저, 자신을 비우는 것, 그것이 세상의 애증을 가로지르는 제의의 방식으로 표현되는 것도 이런 이유 때문이다.

    밤새도록
    미친 처방전을 읽는다
    내가 원하는 건
    맨살로 나부끼는 것
    어떤 일출은
    구물럭 구물럭 배꼽 위로 기어오르고
    햇살 아래 번지는 육체를 쓸어담으며 나는
    없는 기체적 이미지를 그리워했다

이미지 위에
짓물러터진 생애 한 벌 걸쳐놓고 싶었다
촛농처럼 철철철 동틀 녘까지
녹아내리고 싶었다
뜨거운 뼛속으로
전신을 털어넣은 입맞춤
퍼붓고 싶었다

― 「부르지 않은 눈물」 전문

 2부 "열꽃 공희"의 첫 번째 작품인 인용시는 "햇살 아래 번지는 육체를 쓸어담으며 나는/없는 기체적 이미지를 그리워했다"라는 구절에서 시인의 시적 지향을 드러낸다. "이미지 위에/짓물러터진 생애 한 벌 걸쳐놓고 싶"다는 열망은, 보이지 않는 허공의 세계를 시로 포착하려는 시도이며, "짓물러 터진" 육신의 삶을 고스란히 기체로, 바람으로 전유시키는 것이다. 녹아내리고, 허공에 뿌려짐으로써, 자신을 비우고 세계의 막막한 부재, 허공 속으로 자신을 퍼붓고, 합치시키려는 열망은, 육체를 빈 몸, 허공으로 만들려는 지속적인 지향에 의해서 하나의 시적 세계를 구축해 낸다.
 이런 시적 이미지는 '뼈'에 관한 시인의 묘사에도 종종 나타난다. "말 없는 뼈 꺼내 공중에 걸쳐놓고"(「굽이치다」)나 "낯익은 정강이뼈"(「어머니」), "뼈 속 깊이 퍼낸 체액"(「꽃피다」), "상처 보듬고 뼈까지/뼛자국까지 파르라니 물든//허공"(「오랑캐꽃」), "흉흉한 뼈대"(「박제 앞에서」) 등은, 몸 속에 각인된 지울 수 없는 상처나 기억의 실체를 의미한다. 이것들은 상처나 집착이 각인된 것이므로 때로는 지나간 생의 흔적이 고스란히 드러나는 지점이면서 동시에 허공에 뿌려지거나 기체로 변할 어떤 것들, 비워져야 할 것들이기도 하다.

시인이 스스로 꽃이 되어 감각의 전이를 겪으며 꽃피는 과정은 이런 '생각의 뼈'가 뿌리가 되어 세계와 교접하고 뻗어나가다 점차 허공 속으로 흩어지는 일련의 과정으로 나타난다. "지난 계절 내내 퇴비처럼 잘 썩은 생각들을/몸 속에서 꺼내 들여다보고/생각 속에 들어 있는 뼈와 새롭게 장만한 뼈를/맞춰보기도 했지"(「잠 못드는 밤」)라는 구절은 기억을 성찰하고 재구성하면서 생각들이 새로운 감각이나 이미지가 되어가는 과정의 한 단서를 드러낸다. 생각의 어떤 응집된 실체가 뼈라면, 시인은 그 뼈를 종종 허공에 걸쳐 두거나 꽃의 뿌리를 통해 외부로 뻗쳐나가며 세계와의 열렬한 입맞춤을 시도한다. 인용한 시의 "뜨거운 뼛속으로/전신을 털어넣은 입맞춤"은 기억, 상처, 집착 등 단단한 생각이, 허공으로 상징되는 세계와의 열렬한 입맞춤을 통해 녹아내려 하나로 합치되는 장면을 보여준다.

결국, 시인이 말하는 '열꽃 공희'란 자신의 육신, 뼈, 생각을 해체하여 허공 속에 뿌리는 열렬한 희생제의 혹은 육신 공양을 상징하는 것이다. "신에게 바치는 의례"의 일종인 '공희(供犧)'의 과정이 시 쓰기의 중요한 도정으로 설정되었다는 점에서, '열꽃'이 되어 피어나는 육신은 이미 자신의 생, 육신을 부재, 허공 속으로 온전히 기투하여 비움으로써 충만하고자 하는 시적 열망의 육화를 의미한다. 시를 몸으로 사는 한 방식, 그것이 '꽃피는' 제의이고, "세월 밖으로 뛰쳐나오는 힘"(「세월 밖으로」)의 구체적 드러냄이다.

>여태 들꽃으로 살았어도
>들녘의 귀퉁이 한 자락 움켜쥐지 못했으니
>그래, 이건 너무한 거다
>배로 기어온 길바닥 위에
>달팽이 진액 흘리듯 끈적한 내장 쏟아낸 시절은
>온전히 쓰라렸는가
>번들거리는 살의처럼 타들어가는 야생잎들이
>주위를 빙 둘러 피었다 서둘러 지고
>나는 떨치지 못한 열독에 싸여
>간혹 바람개비로 바다를 건지는 꿈을 꾸었다
>스스로 짊어진 불더미를 고봉밥으로 떠서
>꾸역꾸역 목구멍에 밀어넣을 때
>생각했다 가끔 널
>살해하고 싶었지만, 나
>사랑이었을지 몰라 너 없인
>불에 젖을 수가
>
>가장 아름다운 꽃잎만 기르고 싶었던 공중 화단에
>주르륵 뿌리들이 번져 흘렀다

파지처럼 구겨진 가슴을 찢고
쓰라리게 시 하나가—

— 「열꽃 공희」 전문

　이 시집의 표제작인 「열꽃 공희」는 그 내용상 시인이 육신을 바치는 '공희(供犧)'가 무엇인지를 잘 보여주는 작품이다. "여태 들꽃으로 살았어도/들녘의 귀퉁이 한 자락 움켜쥐지 못했으니"라는 구절에서 시인으로서의 삶과 '들꽃'의 이미지가 함께 겹쳐지는 것을 볼 수 있는데, 결국, 시는 김규린 시인에게 이 세계의 한 부분을 움켜쥐는 것, 또는 그 세계의 일부가 되는 것, 혹은 '숨은 신', '은폐된 진실'의 실체를 일부라도 목도(目睹)하는 것일 수 있다.
　"가장 아름다운 꽃잎만 기르고 싶었던 공중 화단"이 시인의 처음 열망이었을 테지만, 세월은 아름다운 꽃보다는 "번들거리는 살의처럼 타들어가는 야생잎"이나 "스스로 짊어진 불덩이"를 애써 견디는 과정 속에서, 시를 쓸 수밖에 없게 한다. '아름다운 꽃잎'이 아니라 '불덩이', '열독', 심지어는 '살해 욕구'까지 품게 하는 '애증' 속에서 결국은 "파지처럼 구겨진 가슴을 찢고/쓰라리게 시 하나가 —" 뻗어 나오는 것이다. 결국 시가 씌어지거나 꽃이 피는 '과정'은 '아름다운 꽃'의 이상과는 달리, 열독과 불덩이를 지고 가슴을 찢는 '희생제의'의 시간들 속에 존재하고 있었다는 고백을 담고 있는 이 작품은, 이 점에서 시가 단순히 '아름다운 꽃'이 아니라 육신과 생을 송두리째 바쳐 겨우 얻을 수 있는 '허공 한 줌'이라는 이 시집의 전체적인 종착점을 미리 암시하고 있다.

시인이 한 송이 꽃으로 육화되어 세상과 교접하는 방식은 여성적인 육체성의 자각과 더불어 구도적인 암시도 종종 내포하고 있다. 이 점에서 '공희'의 방식으로 시를 쓴다는 것은 세상의 '비의(祕意)'에 대한 감각적 명상을 함축하는 행위이다. 산과 강과 사람을 육체의 내부로 불러와 온몸으로 껴안기 위해 세상의 꽃이 되어 뿌리를 내리고 꽃잎으로 자신을 풀어 놓는 과정 속에서 뼈 속 깊이 스며 있던 생각과 열망은 온전히 육화된 시가 되기를 꿈꾼다.

"우리는 저마다/걸어가야 할 서로 다른 水深을 갖고 있다"(「낙타들」)라는 구절에서도 확인 되는 것처럼, 저마다의 '길'을 걸어가는 과정은 자신의 운명이 그려낸 '수심'을 고스란히 답보해 가는 것이다. 김규린 시인이 꽃이 되어 세계의 일부인 자신의 수심을 탐색하듯이, 이 세상의 모든 꽃, 강물, 산, 사람들은 저마다 자신의 수심을 가슴에 품고 있다. 이것을 모든 존재의 숙명이라고 한다면, '수심'은 그 숙명의 실체를 환기하는 '상징'이며 그 깊이에 도달하기 위해 쉬지 않고 걸어야 할 길이기도 하다.

다른 작품에서 "당신의 말줄임표 속에 서면 그것들/내 혈육이라고 외치고 싶어진다"(「숨어오는 폭풍」)라는 시인의 발화를 통해, '당신'이, 곧 "침묵하는, 말줄임표"로 무엇인가를 말하고 있는 '세계'임을 어렵지 않게 유추할 수 있는데, 이렇듯 말줄임표 속에 서서 산, 강물, 사람, 꽃을 응시하는 순간 속에, 그 고요 속에, '숨겨진 폭풍'이 들어 있다는 시인의 직감은 상당히 탁월한 것이다. 모든 정적인 것과 고요 속에서 어떤 '격렬한 폭풍'의 계기를 보는 장면은 삶의 비의가 함축하고 있는 역설적인 격동성을 간파하고 있는 시인의 섬세한 능력을 보여주는 부분이다.

당신의 부재 속에서도 곧 거칠게 몰아닥칠 '폭풍'의 조짐을 읽어냄으로써 시인이 그려내는 기체의 이미지는 추상이 아닌 실체의 '허공'으로 자신을 드러내는 것이다.

이 세상의 원(圓)인 내가
이 세상 모든 원인(原因)이다
명분 없는 꽃처럼 와자한 차양 하나
별 아래 펼쳐 놓고
전신에 태양무늬 그리며 숨어들었던 날들
스스로 그려넣은 무늬가 무엇인지 모른 채
한적한 오수에 빠진 삶을 지나
세상은 어디서 날 기다리는가
요즈음은 무늬가 너무 불어나 차양 길게 휘어졌는데
나는 휘파람처럼 손쉽게
그늘 속을 뛰어다니고 나를 닮은
들꽃들은 저마다
쩍쩍 마른 시간 피워 물었네
그동안에도 이 세상 원인 나는
그럴싸한 삶의 무늬 하나 읽지 못하고
원주 밖으로 점점 더 멀리 밀려나가는 것을 슬퍼하고 있
을 뿐

곧 지워져버릴 삶 향해

차양 걷고 발 내딛어본다

인식의 첫발은 나와 함께

들녘의 풀을 뜯는다

친친 감겨오는 넝쿨들이 의기충천해지리

꽃들이

풋사랑처럼 어룽어룽 튀어오르다가

뜨거운 꽃대에

투욱,

목 토해낸다

—「몸꽃」 전문

  몸으로 시를 쓴다는 것, 그것이 시인이 '식물성'으로, '꽃으로', 자신을 전유시킨 중요한 이유라는 점에서, 김규린의 시는 "세계 혹은 생의 육화"라는 말로 거칠게나마 요약해서 표현할 수 있지 않을까.

  '몸꽃'이 되어, 이 세상의 원주와 합치되는 '원(圓)'으로 또는 그 모든 것의 원인으로 자신을 '위치' 짓고 싶은 강한 열망은, 모든 꽃들이 그렇게 저마다의 '원(圓)과 원인(原因)'을 갖고 있다는 다원적인 생각에 뿌리를 내리고 있다. 들꽃들이 "저마다/쩍쩍 마른 시간 피워 물"고 있듯이, 이미 그녀의 '몸꽃 되기'는 이 세상의 무수한 다른 '몸꽃들'을 전제로 한 것이다. 내가 내 몸속의 시간을 살 듯이, 그들은 그들의 몸속에 새겨진 시간을 살고 있는 것이다.

'나를 닮은 들꽃들'처럼 저마다의 '수심(水深)과 원인'을 품고 있는 것들이 바로 이 텅 빈 세상을 채우고 있다. 결국, 세계의 말줄임표나 침묵, 허공은, 감추어진 수심들로 가득 찬, 꽉 채워진 '빈 몸'을 암시하는 것이 아닌가. 꽉 채워진 '빈 몸'의 역설을 통해 "비움으로써 모든 것을 품는" 시적 도정이 가능한 것이다. 이 점에서 '몸꽃'은 시인이 스스로 자각한 여성성의 기원이기도 하다.

「물 위의 단상들」에서 "나는 내가 아는 세상 것들 모두 불러와/그들의 불우와 나의 불우를/양말짝처럼 맞춰본다"라고 말함으로써 시인은 '불우한 존재'를 짝으로 맞춰 품는 행위가 곧 '비움'의 한 과정임을 암시한다. 그 비움은 세계의 수심과 나의 수심이 서로 겹쳐지는 행위이며, 허공과 허공이 만나는 순간에 해당된다.

"깊은 사람은/불편하다/깊은 마음 따윈 개울에 담글 수 없기 때문이다/오래 전부터 개울에는/부적절한 숭어가 산다"(「물 위의 단상들」).

불우하고 불편한 존재들이여! **무엇이 그대의 불우를 지어냈는가.**

부적절한, 부조리한 삶이란, 이렇듯 깊은 마음을 담글 수 없는, '수심(水深)'이 부재하는 시간들을 말하는 건 아닌가.